'Nôl i'r Gegin gyda Gareth

Gareth Richards

Argraffiad cyntaf – 2005

ISBN 1 84323 603 6

Dymuna'r cyhoeddwyr gydnabod cymorth
Cyngor Llyfrau Cymru.

Argraffwyd yng Nghymru gan
Wasg Gomer, Llandysul, Ceredigion

DIOLCH

Hoffwn ddiolch i'm teulu am eu cymorth wrth i mi ysgrifennu'r gyfrol
hon ac am flasu'r ryseitiau a rhoi eu barn. Diolch yn arbennig i Geinor, fy
chwaer, am ei chymorth ac am roi hwb ymlaen i mi. Diolch hefyd i Janice
a staff Llanerchaeron, lle tynnwyd llawer o'r lluniau. Yn olaf, diolch i
Bethan Mair a phawb yng Ngwasg Gomer.

Cynnwys

Cyflwyniad

Croeso 'nôl i'r gegin. Ydy wir, mae hi wedi bod yn ddwy flynedd amrywiol a phrysur ers cyhoeddi fy llyfr diwethaf, ac rwy wedi cael cyfle i deithio tipyn ledled Cymru, gan ymweld â llawer iawn o arddangosfeydd a ffeiriau bwyd.

Yn wir, mae profi ac arbrofi gyda chymaint o fwydydd Cymreig arbennig ynghanol sŵn y sosbenni a gwres y gegin wedi rhoi boddhad mawr i mi. Mae gennym gynnyrch eang a chyfoethog iawn o fwydydd yma yng Nghymru, a'r rhain sy'n sail ac yn ysbrydoliaeth i lawer o ryseitiau'r llyfr hwn, wrth i ni gamu trwy dymhorau o ddanteithion.

Ynghyd â theithio, rwyf hefyd wedi adeiladu dwy gegin ers cyhoeddi'r llyfr diwethaf. Mae un wedi ei lleoli gartref ar y fferm yma yn Llambed – bydd hon yn gartref i mi drwy gydol y flwyddyn wrth baratoi at achlysuron arbennig, boed Ŵyl Ddewi, y Pasg, y Cynhaeaf neu'r Nadolig. Cegin symudol – ar olwynion, wrth gwrs – yw'r gegin arall, sy'n cael ei chludo gennyf i leoliadau gwahanol, ac sy'n llwyfan i gyflwyno a hybu bwyd Cymreig.

Wrth gynhesu cegin arall, cegin *Wedi Tri* ar S4C digidol, gallaf greu a chasglu rhagor o ryseitiau – ac mae parhau i gyfrannu'n fisol at bapur bro ardal Llambed, *Clonc*, yn darparu cyfle euraid arall i mi rannu fy syniadau â chi.

Rwyf wedi cael llawer o hwyl wrth gynllunio'r ryseitiau hyn, a gobeithio felly y cewch chwithau yr un pleser yn eu dilyn a'u bwyta! Agorwn ddrysau'r gegin er mwyn mwynhau bwydlen y flwyddyn.

Hwyl o'r gegin,

Gareth

PWYSAU A THYMHEREDD

PWYSAU	
	Metrig
½ owns	10g
¾ owns	15g
1 owns	25g
1½ owns	40g
2 owns	50g
2½ owns	65g
3 owns	75g
4 owns	110g
4½ owns	125g
5 owns	150g
6 owns	175g
7 owns	200g
8 owns	225g
9 owns	250g
10 owns	275g
12 owns	350g
1 pwys	450g
1½ pwys	700g
2 bwys	900g
3 phwys	1.35kg

TYMHEREDD CYMHAROL					
°C	°F	Nwy	°C	°F	Nwy
140	275	1	200	400	6
150	300	2	220	425	7
160	325	3	230	450	8
180	350	4	240	475	9
190	375	5			

Pan fyddwch yn defnyddio'r ryseitiau hyn,
penderfynwch ar un dull o fesur a phwyso.
Peidiwch byth â chymysgu pwysau a mesurau
metrig a'r hen ddull o fewn yr un rysáit,
neu fydd y rysáit ddim yn gweithio cystal.

Dathlu
Diwrnod Dwynwen

CINIO'R CARIADON

Beth am ddod â rhywfaint o rhamant i'r gegin a gwresogi misoedd oer y gaeaf trwy ddathlu diwrnod Dwynwen? Dechreuwch y pryd arbennig hwn yn rhamantus trwy greu bisgedi siâp calonnau i'w gweini gydag eog: bydd y rhain yn siŵr o dynnu'r gusan gyntaf! Yna, gan fy mod i'n fab fferm, rhaid temtio'r cariad gyda chig oen Cymreig. Daw'r crwst tomato â gwawr goch ramantus i'r pryd bwyd arbennig hwn. I orffen, rwy'n siŵr y bydd pwdin siocled melys, tywyll yn ddiweddglo hyfryd i noson berffaith.

CALONNAU CAWS AC EOG CYMREIG

CHEESE HEARTS WITH WELSH SALMON

CYNHWYSION

75g/3 owns o eog Cymreig wedi'i fygu
75g/3oz smoked Welsh salmon
150g/5 owns o gaws meddal
150g/5oz cream cheese
1 llwy de o saws rhuddygl
1 tsp horseradish sauce
hanner sudd leim
juice of half a lime
1 llwy bwdin o ddil wedi'i dorri'n fân
1 dsp finely chopped dill

AR GYFER Y BISGEDI

110g/4 owns o flawd plaen
110g/4oz plain flour
110g/4 owns o fenyn Cymreig
110g/4oz Welsh butter
25g/1 owns o gaws Cymreig cryf wedi'i gratio
25g/1oz strong Welsh cheese, grated
pinsiaid o bowdwr cayenne
pinch of cayenne powder

Dull

1. Trowch y ffwrn i 180C/350F/Nwy 4.
2. Rhowch y blawd a'r cayenne, yr halen, y pupur a'r menyn mewn powlen a'u malu nes eu bod yn debyg i friwsion.
3. Ychwanegwch y caws wedi'i gratio, a chymysgwch y cyfan i greu toes meddal.
4. Rholiwch allan ar fwrdd wedi'i sgeintio â blawd. (Gallwch rolio'r gymysgedd rhwng *cling film* rhag iddo lynu at y bwrdd.) Torrwch â thorrwr siâp calon. Pobwch ar hambwrdd pobi am 12–15 munud.
5. Torrwch yr eog yn stribedi.
6. Cymysgwch y caws meddal, y rhuddygl a'r sudd a'u hychwanegu at yr eog a'r dil.
7. Gweinwch gyda'r bisgedi calonnau caws ac addurn o ferw dŵr.

Method

To prepare the cheesy heart biscuits, heat oven to 180C/350F/Gas 4. Place the flour, cayenne, salt and pepper in a bowl and rub in the butter until the mixture resembles breadcrumbs. Add the cheese and form into a soft ball. Cut into heart shapes and place on a baking tray. Bake for 12–15 mins until golden brown. Thinly slice the salmon into strips. Mix with the horseradish, cheese and lime and some dill. Serve with cheesy heart biscuits, garnished with watercress.

CYNHWYSION

1 llwy fwrdd o bast tomato sych
1 tbsp sun-dried tomato paste
1 ewin garlleg wedi'i wasgu
1 clove garlic, crushed
4 golwython cig oen wedi'u paratoi
4 prepared lamb chops
(gofynnwch i'r cigydd eu paratoi /
ask the butcher to prepare chops)
1 llwy fwrdd o olew olewydd
1 tbsp olive oil
3 moronen fawr   *3 large carrots*
1 llwy bwdin o sudd lemwn
1 dsp lemon juice
1 llwy bwdin o fêl *1 dsp honey*
ychydig o goriander wedi'i dorri'n fân
some finely chopped coriander
hanner llwy de o hadau cwmin
half tsp of cumin seeds
halen a phupur du   *salt and black pepper*
100ml o stoc cig   *100ml meat stock*

CIG OEN CYMREIG GYDA CHRWST TOMATO COCH

WELSH LAMB WITH A RED TOMATO CRUST

Dull

1. Cymysgwch y garlleg a'r past tomato. Rhowch y cig mewn dysgl, a brwsiwch â'r past. Gadewch am tua hanner awr i fwydo.
2. Cynheswch olew mewn ffrimpan a selio'r cig. Yna gosodwch mewn tun a'i bobi ar 200C/ 400F/Nwy 6 am 10 munud neu i chwaeth eich partner!
3. Rhowch y moron mewn sosban gyda dŵr a halen, dewch â'r cyfan i'r berw a'u coginio nes eu bod yn dyner. Draeniwch ac ychwanegu'r mêl, lemwn, coriander, cwmin, halen a phupur. Pwniwch y cyfan nes eu bod yn feddal. Cadwch yn gynnes.
4. Ar gyfer y saws arllwyswch y sudd sydd yng ngwaelod y tun i sosban, ychwanegwch y stoc a gadael iddo leihau.
5. I weini rhannwch y stwnsh moron rhwng dau blât a thorrwch y cig yn dafelli. Gosodwch ar ben y moron a chreu effaith cusan. Arllwyswch y saws o amgylch, a gweini'r saig gydag asparagws.

Method

Mix together the garlic and tomato paste. Place lamb in a dish and brush mixture over. Marinate for half an hour. Heat oil in pan and seal the meat, place on baking tray and roast for 10 mins on 200C/400F/Gas 6. Place carrots and seasoning in pan and boil unil tender. Then drain and mash adding honey, lemon, coriander, cumin and black pepper. Keep warm. For the sauce, pour roasting juice into saucepan, add stock and reduce. To serve place a portion of carrot mash in centre of plate, top with sliced meat and drizzle sauce around. Serve with asparagus.

200g/7 owns o siocled tywyll o'r ansawdd gorau
200g/7oz good quality dark chocolate
200g/7 owns o fenyn wedi meddalu
200g / 7oz softened Welsh butter
300g/11 owns o siwgwr mân
300g/11oz caster sugar
4 wy   *4 eggs*
110g/4 owns o flawd plaen
110g/4oz plain flour
400g/15 owns o gaws meddal
400g/15oz soft cheese
1 llwy de o rinflas fanila
1 tsp vanilla essence
125g/4 owns o fafon ffres neu wedi'u rhewi
125g / 4oz fresh or frozen raspberries

PWDIN PERFFAITH I'R PÂR

A PERFECT PUDDING TO SHARE

Dull

1. Cynheswch y ffwrn i 180C/350F/Nwy 4.
   Leiniwch dun 20x30cm â darn o bapur
   gwrthsaim.
2. Toddwch y siocled mewn powlen dros
   ddŵr cynnes. Chwisgiwch y menyn â 200g
   o'r siwgwr mewn powlen fawr. Curwch
   ddau o'r wyau a'u hychwanegu'n raddol
   i'r gymysgedd rhag iddo wahanu a
   chawsio.
3. Yna plygwch y siocled iddo, a rhidyllwch
   y blawd drosto. Taenwch hanner y
   gymysgedd dros waelod y tun.
4. Mewn powlen arall cymysgwch y caws hufennog, y siwgr, yr wyau a'r fanila,
   a gwasgaru'r cyfan dros y gymysgedd. Yna rhowch lwyeidiau o'r gymysgedd siocled
   ynddo a'i droi'n ofalus i greu effaith marmor.
5. Taflwch y mafon hwnt ac yma ar yr wyneb. Pobwch y pwdin am 40 munud yna gadael
   iddo oeri.
6. I weini torrwch yn sgwariau a'i gyflwyno i'ch cariad gyda saws mafon a hufen.

Method

Heat the oven to 180C/350F/Gas 4. Line 20x30cm tin with non-stick paper. Melt chocolate in bowl over simmering water. Cream the butter with 200g of sugar, adding 2 eggs slowly to avoid curdling. Fold in chocolate and sieve flour over mix and spread half over base of tin. In another bowl mix cream cheese, sugar, egg and vanilla, and carefully spread over mixture. Then spoon remaining chocolate mixture over, creating a marble effect; scatter over raspberries. Bake for 40 mins, leave to cool. Cut into squares and serve with cream and raspberry sauce.

Gwledd Gŵyl Ddewi

Sialens yn wir oedd rhoi enw, golwg a blas newydd i un o'n hen ryseitiau poblogaidd ni'r Cymry. Teimlaf fy mod yn arbenigwr ar bice ar y maen – neu deisennau cri i'r Gogleddwyr – oherwydd fy mod wedi paratoi, beirniadu ac, wrth gwrs, fwyta cymaint ohonynt mewn arddangosfeydd dros y blynyddoedd! Dyma gyfle i chi nawr feirniadu rysáit newydd, gyffrous. A beth am ddathlu Gŵyl Ddewi trwy weini'r 'Gateau Gymreig' hon? Her oedd addasu hen rysáit deuluol ddigon tlawd yn bwdin cyfoethog, moethus.

PIGAU-AR-Y-MAEN SAFRI

SAVOURY WELSHCAKE SPIKES

Dull

1. Rhidyllwch y blawd i bowlen, a rhwbio'r menyn iddo i greu briwsion mân.
2. Ffriwch y cennin mewn ychydig fenyn; gadewch iddynt oeri.
3. Ychwanegwch at y gymysgedd ynghyd â'r olifau a'r caws.
4. Cymysgwch yr wy, llaeth, mwstard, halen a phupur. Arllwyswch i'r gymysgedd a ffurfio toes meddal. Rholiwch allan a'i dorri'n bigau trionglog.
5. Cynheswch y maen a choginiwch y pigau am tua 4 munud yn araf bob ochor nes eu bod yn euraid. Gweinwch y pigau-ar-y-maen gyda phicl a chaws Cymreig – neu gyda chawl Gŵyl Ddewi, wrth gwrs.

Method

Sift flour into bowl and rub in butter to resemble breadcrumbs. Fry the leeks in a little butter and leave to cool. Add to mixture with olives and cheese. Mix in egg, milk, mustard and seasoning to form soft dough. Roll out and cut into triangles. Warm the griddle and cook them for about 4 mins each side until golden. Serve with Welsh pickle and cheese – or with Welsh cawl, of course.

225g/8 owns o flawd codi
225g/8oz self-raising flour
2 llwy de o bowdwr codi
2 tsp baking powder
225g/8 owns syltanas
225g/8oz sultanas
I llwy de o sbeis cymysg
I tsp mixed spice
125g/4 owns o siwgwr brown
125g/4oz Demerara sugar
I wy wedi'i guro   *I beaten egg*
6 llwy fwrdd o de oer
6 tbsp cold tea
ychydig o laeth   *drop of milk*

LLENWAD

I pot o gaws mascarpone
I pot mascarpone cheese
Hanner peint o hufen dwbwl
half pint double cream
50g/2 owns o almonau wedi'u rhostio
50g/2oz roasted almonds
I llwy fwrdd o fêl   *I tbsp honey*

CACEN FOETHUS GŴYL DDEWI

ST DAVID'S DAY LUXURY GATEAU

Dull

1. Chwyddwch y syltanas dros nos mewn te.
2. Y bore canlynol rhidyllwch y blawd, y powdwr codi a'r sbeis dros y syltanas, yna ychwanegwch y siwgwr a chymysgu'r cyfan i mewn i'r te.
3. Ychwanegwch yr wy ac ychydig o laeth i greu cymysgedd sydd yn llithro oddi ar y llwy. Arllwyswch i dun crwn 7 modfedd ar draws wedi'i iro a'i leinio. Pobwch ar wres 160C/325F/Nwy 3 am tua awr. Trowch y bara brith ar rac wifren i oeri.
4. Tafellwch y bara brith yn 3 haenen ar draws.
5. Curwch yr hufen a phlygu'r caws mascarpone iddo, ynghyd â'r mêl a'r almonau. Gosodwch waelod y bara brith 'nôl yn y tun. Taenwch hanner y gymysgedd hufennog drosto. Rhowch haenen arall o'r bara brith arno, a gweddill y gymysgedd. Gosodwch gopa'r bara brith ar y top. Rhowch yn yr oergell.
6. Tynnwch o'r tun a gweinwch wedi'i sgeintio â siwgwr eisin; torrwch yn ddarnau a'i weini gyda ffrwythau ffres.

Method

Soak the sultanas in tea overnight. The following day sieve flour, baking powder and spice over, mix in with the sugar. Add the eggs and milk to create a dropping consistency, pour into lined 7" round cake tin, bake for 1 hour 160C/325F/Gas 3. Leave to cool on wire rack. Split the bara brith into 3 layers. Beat the mascarpone, honey and almonds. Place base back in tin and layer up the remainder with the cream mix. Chill in fridge. Then remove from tin, dust with icing sugar, slice into wedges and serve with fresh fruit.

Paratoi ar gyfer y Pasg

Rhaid oedd creu rysáit sy'n defnyddio symbol y Pasg – yr wy, wrth gwrs – yn brif gynhwysyn. Wrth wahanu'r wy defnyddiaf y gwyn i ysgafnhau cymysgedd a'r melyn i dewhau. Rhowch gynnig arni – a chefnogwch yr ieir!

Yn ogystal dyma rysáit cyw iâr a fydd, gobeithio, yn ddefnyddiol fel rhan o arlwy'r Pasg. Mae'r saws leim yn newid o'r grefi cinio Sul traddodiadol.

Rhaid i mi gyfadde mod i wrth fy modd â chacen Basg, ond o bryd i'w gilydd mae angen newid a thorri traddodiad. Gobeithio y rhowch gynnig ar y gacen hon a chael cymaint o hwyl ag a gefais yn ei chreu – wedi tipyn o arbrofi!

CYNHWYSION

2 lwy fwrdd o gaws Cymreig wedi'i gratio
2 tbsp Welsh cheese, grated
ychydig o goriander ffres
some fresh coriander
110g/4 owns o fenyn   *110g/4oz butter*
1 pwys o foron wedi'u gratio
1lb carrots, grated
3 wy mawr   *3 large eggs*

LLENWAD

2 wy wedi'u berwi   *2 boiled eggs*
dyrnaid o ferw dŵr
a handful of watercress
1 pot o *crème fraîche*
halen a phupur   *salt & pepper*

CORONBLETH MORON AC WY

CARROT AND EGG ROULADE

Dull

1. Trowch y ffwrn i 200C/400F/Nwy 6. Leiniwch dun hirsgwar 13 x 9 modfedd â phapur gwrthsaim. Irwch yn ysgafn a sgeintio caws drosto ynghyd â dail coriander.
2. Toddwch y menyn mewn ffrimpan; coginiwch y moron am rhyw 10 munud nes eu bod yn feddal.
3. Rhowch mewn rhidyll i ddiferu a chymysgu'r melynwy i'r moron gyda halen a phupur.
4. Chwipiwch wyn yr wy a phlygwch i'r gymysgedd moron. Taenwch yn wastad dros y tun a'i bobi am 10–12 munud.
5. Yna trowch y cyfan allan ar ddarn o bapur gwrthsaim a'i rolio.
6. Ar gyfer y llenwad, malwch yr wyau a chymysgu'r berw dŵr wedi'i falu â'r *creme fraiche*, gyda halen a phupur i flasu. Defnyddiwch i lenwi'r *roulade*. Rholiwch yn ofalus. Gosodwch yn yr oergell cyn ei weini, yna addurnwch gyda chawod o gaws wedi'i gratio a berw dŵr.

Method

Heat oven to 200C/400F/Gas 6. Line a 13x9 inch tin with greaseproof paper, grease and scatter with cheese and coriander leaves. Melt butter and fry the carrots until they are soft. Strain and mix with the egg yolk and seasoning. Whip the egg white and fold into the carrot mix. Spread over the tin and bake for 10–12 mins. Turn out onto greaseproof paper, fill with the filling of mashed eggs, watercress and *crème fraîche*, and roll. Chill before serving, garnish with watercress.

Cyw iâr gyda saws Sul y Pasg
Chicken with Easter Sunday Sauce

Cynhwysion

4 darn o gyw iâr   *4 chicken pieces*
4 shibwnsyn wedi'u torri'n fân
    4 spring onions, finely chopped
4 madarchen fawr wedi'u torri'n fân
    4 large mushrooms, finely chopped
1 ewin garlleg   *1 clove of garlic*
75g/3 owns o friwsion bara
    75g/3oz breadcrumbs
ychydig o berlysiau ffres
    some fresh herbs
25g/1owns o fenyn   *25g/1oz butter*

Ar gyfer y saws

1 pot o *crème fraîche*
1 llwy bwdin o farmalêd leim
    1 dsp lime marmalade
sudd a chroen 1 leim
    juice and zest of 1 lime

Dull

1. Toddwch ychydig o fenyn mewn ffrimpan.
2. Ffriwch yr winwns, y madarch a'r garlleg nes eu bod yn feddal, yna ychwanegu'r briwsion a'r perlysiau wedi'u malu, a'u cymysgu. Gratiwch y leim a'i ychwanegu.
3. Gwnewch doriad ar draws canol y cig, a llenwch â'r gymysgedd madarch. Defnyddiwch ddarn o sgiweren bren i gau'r agoriad.
4. Yna ychwanegwch ragor o fenyn i'r ffrimpan i selio a choginio'r cyw iâr am tua 10 munud ar wres isel.
5. Gosodwch ar blât, yna toddwch y marmalêd leim yn y ffrimpan cyn ychwanegu'r *crème fraîche* a sudd leim. Dewch â'r cyfan i'r berw i'w dewhau.
6. Cofiwch dynnu'r darn pren cyn tafellu'r cig, a'i weini gyda'r saws a llysiau tymhorol y Pasg.

Method

Melt butter; fry onions, mushrooms and garlic until soft; add breadcrumbs and chopped herbs. Mix well. Grate lime and add to mixture. Cut a pocket into the chicken and stuff with the mixture. Close with wooden skewer. Add more butter to the pan to seal and cook chicken for 10 mins on a low heat. Remove from pan. Melt lime marmalade in pan and add *crème fraîche* and lemon juice. Bring to boil to thicken. Remember to remove skewer before serving the meat with seasonal Easter vegetables.

3 wy   3 eggs
225g/8 owns o flawd plaen
   225g/8oz plain flour
50g/2 owns o geirch (uwd brecwast sych)
   50g/2oz oats (dry breakfast porridge)
225g/8 owns o siwgwr caster euraid
   225g/8oz golden caster sugar
225g/8 owns o fenyn wedi toddi
   225g/8oz melted butter
2 llwy de o bowdwr codi
   2tsp baking powder
200ml/7 llwy fwrdd o laeth
   200ml/7tbsp milk
110g/4 owns o gnau coco
   110g/4 oz desiccated coconut
1 mango mawr (neu dun) wedi'i dorri'n fân
   1 large mango (or 1 tin) finely chopped
2½ llwy bwdin o geuled lemwn
   2½ dsp lemon curd

I'W ADDURNO

1 pwys o siwgwr eisin   *1lb icing sugar*
110g/4 owns o fenyn   *110g/4oz butter*
sudd a chroen 1 lemwn
   juice and zest of 1 lemon
11 o wyau siocled bach y Pasg
   11 small chocolate Easter eggs

CACEN BASG WAHANOL

ALTERNATIVE EASTER CAKE

Dull

1. Trowch y ffwrn i 180C/350F/Nwy 4. Yna irwch a leiniwch 3 tun sbwng 7 modfedd ar draws.
2. Yna, yn y drefn hon, rhowch mewn powlen yr wyau, y siwgwr, y ceirch, y blawd wedi'i ridyllu, y menyn, y powdwr pobi, y llaeth a 3 owns o gnau coco. Cymysgwch â pheiriant llaw am tua 3 munud nes eu bod yn ysgafn. Rhannwch rhwng y tuniau, pobwch am tua 40–45 munud nes ei fod wedi codi ac yn euraidd. Gadewch i'r cacennau oeri ar rac wifren.
3. Ar gyfer y llenwad, cymysgwch y ceuled a'r mango a'u defnyddio i lenwi 2 haenen o'r gacen.
4. Ar gyfer y gorchudd lemwn, toddwch y menyn mewn sosban ac ychwanegwch at y siwgwr eisin gyda chroen a sudd y lemwn i greu eisin; defnyddiwch i orchuddio'r gacen.
5. I orffen, ffriwch weddill y cnau coco mewn ffrimpan sych a'u gwasgaru dros wyneb y gacen gydag addurn o wyau Pasg.

Method

Heat oven to 180C/350F/Gas 4. Grease and line 3 x 7" sponge tins. Add to a bowl, in this order: eggs, sugar, oats, sieved flour, butter, baking powder, milk and 3oz coconut. Mix with hand whisk for 3 mins until light. Divide between tins, bake for 40–45 mins until golden and raised. Cool on wire rack. For the filling, mix lemon curd and mango and spread on two cakes; stack. For lemon topping melt butter in saucepan, add icing sugar, zest and juice of lemon to make icing. To finish, fry remaining coconut in a dry pan and scatter over surface of icing. Decorate with chocolate eggs.

Paratoi Picnic

Tair rysáit ar gyfer eu bwyta tu allan – ond gallwch eu bwyta yn
y tŷ os yw'r tywydd yn wael! Rysáit rwyf wedi ei haddasu
o hen lyfr coginio Mam-gu yw'r potiau picnic porc.
Wrth ychwanegu rhai cynhwysion cyfoes mae'n berffaith
ar gyfer picnic. Mae'n cael ei gludo a'i fwyta mewn potiau unigol
sydd eto'n hwylus. Gallwch ei baratoi a'i gadw yn yr oergell am
rai dyddiau yn barod am bicnic neu, yn fwy pwysig,
yn barod i'r haul.
Yna, salad syml, iachus a blasus a fydd yn hyfryd i'w fwyta yng
ngwres yr haul. Gallwch fynd â rhai o'r cynhwysion yn eu tuniau
a'u cymysgu i mewn i'r salad wedi i chi gyrraedd pen eich taith.
O ie! cofiwch plis roi'r agorwr tuniau yn y fasged bicnic.
Ac oes wir, mae yna fwy i fefus na hufen! Beth am fefus a
myffins? Ar ôl arbrofi gyda nifer o ryseitiau, dyma'r orau yn fy
marn i. Mae'n bwdin ynddo'i hun – gyda chyfrinach gudd yn y
canol! Darllenwch fwy i ddarganfod y gyfrinach –
a mwynhewch y picnic.

Potiau Picnic Porc

Pork Picnic Pots

Cynhwysion

225g/8 owns o fenyn
225g/8oz butter
250g/9 owns o ham wedi'i goginio, o ansawdd da
250g/9oz good quality cooked ham
1 llwy de o fwstard grawn
1 tsp wholegrain mustard
ychydig o nytmeg ffres   *some fresh nutmeg*
ychydig o berlysiau ffres wedi'u torri'n fân
some finely chopped fresh herbs
2 goes o riwbob   *2 sticks of rhubarb*
bricyll wedi'u torri'n fân   *finely chopped apricots*

Dull

1. Toddwch y menyn mewn sosban a defnyddio llwy i godi'r ewyn gwyn oddi ar yr wyneb.
2. Rhowch yr ham mewn prosesydd bwyd, a'i falu'n fras gan arllwys hanner y menyn iddo. Gosodwch mewn powlen.
3. Yna ychwanegwch y mwstard, y nytmeg a'r perlysiau gyda halen a phupur; rhannwch y gymysgedd rhwng y potiau.
4. Torrwch y rhiwbob yn ddarnau a'u coginio yn y menyn gyda'r bricyll. Gosodwch ar wyneb y potiau gydag ychydig o berlysiau. Rhowch y potiau yn yr oergell. Gweinwch gyda darn o fara cartre – gweler rysáit y bara ar dudalen 42.

Method

Melt butter in a saucepan, skimming froth with spoon. In a food processor, roughly chop ham and pour half melted butter on top. Place in bowl. Add mustard, nutmeg, herbs, salt and pepper. Divide between pots. Chop rhubarb and cook in butter with apricots. Spoon on top of pots with herbs. Chill. Serve pots with fresh bread.

SALAD MAS TU FAS

Outdoor salad

Dull

1. Rhowch y cwscws mewn padell fawr, a'i orchuddio â 2 lwyaid o olew a'r stoc poeth; rhowch liain drosto, a'i adael am 20 munud.
2. Cynheswch weddill yr olew mewn ffrimpan, a ffriwch yr winwns, y garlleg a'r wygbys am 3–4 munud.
3. Cymysgwch y tiwna, y tomatos, yr egin ffa, y ciwcymber a'r mintys iddo.
4. Gwahanwch y cwscws â fforc a'i ychwanegu i'r ffrimpan. Tynnwch oddi ar y gwres a'i flasu â'r lemwn, halen a phupur.
5. Cludwch mewn bocs plastig i'r picnic. Cofiwch y gellir ei fwyta'n gynnes wrth y bwrdd gartre'n ogystal.

Method

Place couscous in large bowl, add stock and 2tbsp oil. Cover with cloth; leave for 20 mins. Heat oil in frying pan, fry onions, garlic and chickpeas for 3–4 mins, then mix in tuna, tomatoes, beansprouts, cucumber and mint. Separate couscous with fork, add to frying pan. Remove from heat and season with lemon, salt and pepper. Can be eaten hot or cold.

Myffins Mefus Mis Mehefin

Summery Strawberry Surprise Muffins

Cynhwysion

300g/10 owns o flawd plaen
300g/10 oz plain flour
1 llwy fwrdd o flawd codi
1 tbsp self-raising flour
2 wy *2 eggs*
½ llwy de o halen *½ tsp salt*
75g/3 owns o siwgr euraid
75g/3 oz demerara sugar
1 llwy de o rinflas fanila
1tsp vanilla essence
8 llwy fwrdd o laeth *8 tbsp milk*
110g/4 owns o fenyn wedi toddi
110g/4oz melted butter

Y gymysgedd gudd

150g/5 owns o gaws meddal
150g/5oz soft cheese
25g/1 owns o siwgr caster
25g/1oz caster sugar
croen 1 oren *zest of 1 orange*
6 mefusen fawr *6 large strawberries*

Dull

1. Cymysgwch y siwgr a chroen yr oren i mewn i'r caws hufennog.
2. Rhannwch bapurau myffins rhwng y tuniau pobi.
3. Rhidyllwch y blawd, y powdwr a'r halen i bowlen fawr, yna mewn powlen arall cymysgwch yr wyau, y siwgr, y llaeth, y fanila a'r menyn.
4. Rhidyllwch y blawd eto dros y cynhwysion gwlyb, yna defnyddiwch lwy fetel i'w cymysgu'n gyflym.
5. Rhowch lwyaid o'r gymysgedd ymhob tun, yna rhannwch y gymysgedd caws rhyngddynt, a gwthio ½ mefusen iddo. Defnyddiwch weddill y gymysgedd i'w gorchuddio.
6. Pobwch y myffins am tua 30 munud ar 400F/200C/Nwy 6 nes eu bod yn euraid ac wedi codi.

Method

Mix sugar and orange zest into cream cheese. Place muffin cases in baking tins. Sieve flour, baking powder and salt in large bowl; in another bowl mix eggs, sugar, milk, vanilla and butter. Sieve flour again over wet mixture and fold quickly with metal spoon. Place a spoonful of mixture in each case, divide cheese mix equally between cases and push half a strawberry into it. Use rest of mixture to cover. Bake for 30 mins 200C/400F/Gas 6 until risen and golden.

Barbeciw i bawb ganol haf

Does dim sy'n well gennyf i na barbeciw allan yn yr ardd yng ngwres yr haul, ond nid felly y mae hi bob tro – yn anffodus, yn aml iawn wrth ddechrau barbeciw mae hi'n bwrw glaw! Felly mae'r pâr yma o ryseitiau'n addas hefyd i'w coginio yn y popty yn y tŷ. Mae'r prif gwrs wedi'i anelu at lysieuwyr, gan fod digon o ddewis blasus fel arfer gan y cigydd ar gyfer y rheiny sy'n bwyta cig. Beth am fwynhau'r pwdin o wres y barbeciw hefyd, a gwneud y gorau o'r eirin gwlanog adeg misoedd yr haf?

FFYN FFA A GARLLEG

BEAN AND GARLIC STICKS

1 tun 400g/14 owns o wygbys
1 400g/14oz tin of chickpeas

110/4 owns o gnau pin
110/4oz pine nuts

2 lwy fwrdd o olew olewydd
2 tbsp olive oil

1 winwnsyn wedi'i dorri'n fân
1 onion, finely chopped

1 foronen wedi'i gratio
1 carrot, grated

1 ewin garlleg   *1 clove garlic*

1 llwy fwrdd o bersli neu goriander
1 tbsp parsley or coriander

1 llwy fwrdd o bast tomato
1 tbsp tomato puree

1 llwy de o fwstard grawn
1 tsp wholegrain mustard

1 wy wedi'i guro   *1 egg, beaten*

halen a phupur   *salt and pepper*

50g/2 owns o friwsion bara brown
50g/2oz brown breadcrumbs

Dull

1. Rhowch y ffa mewn dysgl, a'u malu â fforc.
2. Ffriwch y cnau pin mewn ffrimpan sych nes eu bod yn euraid, yna ychwanegwch y ffa.
3. Cyneswch olew mewn ffrimpan arall yna ychwanegwch y winwns a'r garlleg, ffriwch am 2–3 munud nes eu bod yn feddal. Cymysgwch i'r ffa gyda'r moron, y persli, y past tomato a'r mwstard.
4. Ychwanegwch halen a phupur i'w flasu, a defnyddiwch wy i'w glymu.
5. Ffurfiwch yn dameidiau hirfain a'u rholio yn y briwsion. Gosodwch ar sgiweren, yna eu rhoi yn yr oergell am awr.
6. Brwsiwch y ffyn â'r olew a'u coginio ar y barbeciw am tua 10–12 munud bob ochr.
7. Gweinwch mewn bara pitta gyda salad gwyrdd a *crème fraîche* wedi'i flasu â mintys ffres.

Method

Mash chickpeas. In a dry frying pan, fry pine nuts and add chickpeas. Heat oil in separate frying pan and fry onions and garlic for 2–3 mins until soft. Add chickpeas and carrots, parsley, tomato puree and mustard. Season to taste. Bind with egg. Form into kebabs and roll in breadcrumbs. Skewer and chill for one hour. When needed, brush with oil and barbecue for 10–12 mins each side. Serve in pitta bread with green salad and *crème fraîche* flavoured with fresh mint.

EIRIN GWLANOG GYDA LLENWAD O GRWST BRIWSION AMARETTO

PEACHES WITH AMARETTO CRUST

Dull

1. Malwch y bisgedi a'u rhoi mewn dysgl.
   Ychwanegwch yr almonau, y siwgr a chroen yr oren,
   a'u cymysgu.
2. Yna cymysgwch i ansawdd gludiog gyda'r melyn
   wy.
3. Torrwch yr eirin gwlanog yn eu hanner gan dynnu'r
   garreg.
4. Taenwch sudd yr oren dros yr haneri, rhannwch y
   gymysgedd rhyngddynt, yna gosodwch bob hanner ar
   ddarn o ffoil a'i gau yn becyn. Coginiwch ar y
   barbeciw am 15 munud, nes bod yr eirin wedi
   meddalu a'r copa wedi'i goginio.
5. Gweinwch gyda digonedd o hufen iâ.

Method

Crush biscuits in a bowl. Add almonds, sugar and zest of orange until mixture resembles breadcrumbs.
Use egg yolk to bind. Halve and stone peaches. Brush cut halves with orange juice, divide mixture
between them then place each half in foil parcels. Cook on barbeuce for 15 mins until peaches are
soft and the topping is cooked. Serve with ice cream.

Cegin Cynnyrch y Cynhaeaf

Daw digonedd o gynnyrch y cynhaeaf i'r gegin yn ystod y tymor hwn, yn glytwaith o liwiau fel y carped dail ar lawr. Rwyf wrth fy modd bob blwyddyn yn casglu mwyar, a'r corgi'n dilyn yn dynn wrth fy sawdl. Yna 'nôl i'r gegin i greu danteithion fel y gacen dymhorol hon. Braf hefyd yw defnyddio eirin o'r coed yr adeg yma i greu jam a phicls. Rwyf am rannu rysáit sy'n boblogaidd iawn gartre â chi – mae'n syml, ac yn bwdin cysur wedi diwrnod yn yr awyr agored, gyda digon o gwstard . . . blasus iawn!

Yn ddiweddar cefais y cyfle pleserus i bobi bara'n ddyddiol am rai misoedd i'w werthu yn y 'deli' yn Llambed. Rhaid cyfadde, roedd yn boblogaidd iawn ac yn fy atgoffa o fara go iawn roedd Mam-gu'n ei bobi. Hyfryd yw medru defnyddio blawd o felin yma yng Nghymru a hwnnw o ansawdd arbennig iawn. Does dim gwell nag arogl pobi yn llenwi'r gegin. Priodol yw cynnwys rysáit torth sy'n gynnyrch tymhorol ac yn symbol amlwg mewn gwasanaeth diolchgarwch.

175g/6 owns menyn   175g/6z butter
175g/6 owns siwgr brown meddal
    175g/6oz soft brown sugar
250g/9 owns o flawd codi
    250g/9oz self-raising flour
½ llwy de o sinamon
    ½ tsp cinnamon
1 llwy de o bowdwr codi
    1 tsp baking powder
1 llwy bwdin o siwgr brown bras
    1 dsp coarse brown sugar
1 afal   1 apple
2 wy   2 eggs
croen 1 oren   zest of 1 orange
200g/7 owns o fwyar duon
    200g/ 7oz blackberries

CACEN GYNHAEAF

HARVEST CAKE

Dull

1. Trowch y ffwrn i 180C/350F/Nwy 4. Irwch dun pobi 9x20 a 13cm o uchder.
2. Mewn powlen fawr, rhwbiwch y menyn, y blawd a'r siwgr meddal i greu briwsion. Yna codwch 5 llwy fwrdd i ddysgl arall, ac ychwanegwch y siwgr bras a'r sinamon ato. Rhowch o'r neilltu am y tro.
3. Yn ôl yn y bowlen fawr, ychwanegwch y powdwr codi. Gratiwch yr afal a'i gynnwys gyda'r wyau a chroen yr oren; ychwanegwch yn gyflym at y bowlen fawr.
4. Yna plygwch ¾ y mwyar iddo a llenwi'r tun; gwasgarwch weddill y mwyar a'r crwst briwsionllyd drosto.
5. Pobwch am tua awr i awr a hanner; gadewch yn y tun am 30 munud ac yna oeri'r gacen ar wifren oeri. Mae'n cadw am tua deuddydd wedi'i lapio mewn ffoil mewn tun.

Method

Heat oven to 180C/350F/Gas 4. Grease 9x20cm tin. In a large bowl rub butter and flour together with the soft brown sugar to a crumb consistency. Set aside 5 tbsp of this mixture in another bowl and add the cinnamon and coarse brown sugar to it. Grate the apple and mix with eggs and zest. Add baking powder to the large bowl, followed by the wet mixture, added quickly. Fold in most of the blackberries and spoon into tin. Top with the rest of the mixture which was set aside, together with the remaining blackberries. Bake for 1–1½ hours. Leave to cool in tin for 30 mins before placing on a wire rack.

PWDIN EIRIN A CHNAU

PLUM AND NUT PUDDING

Dull

1. Cynheswch y ffwrn i wres 200C/400F/Nwy 6. Rhowch y cnau a 4 llwy fwrdd o'r mêl, y sinamon, a chroen a sudd yr oren mewn prosesydd bwyd a'u malu'n fân.
2. Datodwch y toes a'i roi ar hambwrdd pobi. Torrwch yn daclus â chyllell.
3. Gwasgarwch y llenwad cnau drosto a gadael fframyn o'i amgylch.
4. Gosodwch yr eirin arno a sglein o fenyn a mêl.
5. Pobwch am tua 20 munud nes ei fod yn euraid a'r eirin wedi meddalu; gwasgarwch gnau drosto a chawod o siwgr eisin.

Method

Heat oven to 200C/400F/Gas 6. Place nuts, cinnamon, juice and zest of orange and 4 tbsp honey in food processor and mix well. Unwrap pastry and place on baking tray. Trim with knife. Spread nut mix over pastry, raising edges slightly to enclose. Arrange plums on top and glaze with butter and remaining honey. Bake for 20 mins until golden and plums have softened. Dust with icing sugar.

8 llwy fwrdd o ddŵr cynnes
    8 tbsp warm water
1½ llwy de o furum sych
    1½ tsp dried yeast
½ llwy de o siwgr brown tywyll
    ½ tsp of dark brown sugar
400g/14 owns o flawd cryf gwyn – fy
    ffefryn i yw blawd bara Bacheldre
    strong white Bacheldre flour
600g/1lb 5 owns o flawd brown cryf
    Bacheldre
    *600g/1lb 5oz strong brown
    Bacheldre bread flour*
2½ llwy de o halen   *2½ tsp salt*
4 llwy fwrdd o sudd afal
    4 tbsp apple juice
1llwy fwrdd o olew olewydd
    1 tbsp olive oil
125g/5 owns o hadau blodau haul
    125g/5oz sunflower seeds

BARA BENDIGEDIG BLAWD BACHELDRE

BEAUTIFUL BACHELDRE BREAD

Dull

1. Arllwyswch 8 llwy fwrdd o ddŵr cynnes i bowlen, ychwanegwch y burum a'r siwgr, cymysgu'r cyfan a gwasgaru 125g/4owns o flawd gwyn ar yr wyneb. Rhowch mewn lle cynnes am 20–30 munud.

2. Rhidyllwch weddill y blawd a'r halen i bowlen fawr, gwnewch dwll yn y canol ac ychwanegu'r gymysgedd burum, y sudd afal a ½ peint o ddŵr cynnes; ffurfiwch does meddal trwy ei dylino am 6–8 munud. Gosodwch mewn powlen, gorchuddiwch â lliain a gadael iddo godi am awr.

3. Yna tylinwch gan ychwanegu ychydig o'r hadau; rhannwch yn ddau a'u rholio yng ngweddill yr hadau. Gosodwch mewn tuniau torth maint pwys wedi'u hiro. Sgeintiwch â blawd.

4. Rhowch y tuniau mewn bagiau plastig a gadewch i godi am 40–60 munud. Tynnwch o'r plastig a phobwch ar wres 230C/450F/Nwy 8 am 30–45 munud nes eu bod yn frown ac yn gwneud sŵn gwag pan fyddwch yn curo'r gwaelod.

Method

Pour 8 tbsp warm water into a bowl, add yeast and sugar; mix and sprinkle with 110g/4oz white flour. Put in a warm place for 20–30 min. Sieve remaining flour into a bowl with salt, make a well in the centre and add yeast mix, apple juice and ½ pint warm water. Make into a soft dough by kneading for 6–8 min. Leave to raise in a bowl, covered with a cloth, for 1 hour. Knead again, adding some seeds; divide in two, rolling in remaining seeds. Place in 1lb loaf tins, dust with flour. Put tins in plastic bags and allow to rise for further 40–60 min. Remove from bags and bake at 230C/450F/Gas 8 for 30–45 mins until browned.

Gwledd y Gwrachod a'r Goelcerth

Beth am fynd i 'ysbryd' Calan Gaeaf eleni trwy gynnal parti i'r plant a'u ffrindiau, gwisgo gwisg ffansi a gweini'r danteithion pwrpasol hyn? Cofiwch gael y plant i helpu i wneud y bisgedi. Yna, lai nag wythnos yn ddiweddarach, wedi bwyta'r selsig yn sŵn y tân gwyllt o amgylch y goelcerth, beth am bwdin? Dyma bwdin cynnes gyda blas afalau taffi, ond mae'n fwy diogel i'r dannedd! Rwy'n siŵr y bydd yn ffefryn gan bawb.

BISGEDI BWGANOD

HALLOWEEN SNACKS

CYNHWYSION

225g/8 owns o flawd plaen
   225g/8oz plain flour
110g/4 owns o fenyn wedi'i dorri'n ddarnau
   110g/4oz butter cut into cubes
110g/4 owns o gaws wedi'i gratio
   110g/4oz cheese, grated
4 llwy fwrdd o laeth *4tbsp milk*
1 llwy bwdin o saws Caerwrangon
   1 dsp Worcestershire sauce
1 llwy de o tsili *1 tsp chilli*
1 llwy de o sos coch *1 tsp tomato ketchup*

Dull

1. Rhowch y blawd a'r menyn mewn powlen fawr neu brosesydd bwyd gan eu rhwbio i greu briwsion mân.
2. Ychwanegwch y caws a'i gymysgu i ffurfio toes meddal gyda'r llaeth; gorchuddiwch a'i roi yn yr oergell i orffwyso.
3. Trowch y ffwrn i 200C/400F/Nwy 6. Rholiwch y toes a thorrwch yn siapau Calan Gaeaf, gan eu gosod yn ofalus ar hambwrdd pobi.
4. Cymysgwch y saws Caerwrangon, y tsili a'r sos coch a brwsio'r gymysgedd dros y bisgedi; pobwch am 10 munud nes eu bod yn grisp gyda sglein dywyll.

Method

Place flour and butter in bowl or food processor, rub to resemble breadcrumbs. Add cheese and mix to a soft dough with milk. Cover and place in fridge to rest. Heat oven to 200C/400F/Gas 6. Roll dough and cut into Halloween shapes. Place on baking sheet. Mix Worcestershire sauce, chilli and ketchup together and brush over biscuits; bake for 10 mins until crisp and shiny.

PWDIN AFAL TAFFI

TOFFEE APPLE PUDDING

CYNHWYSION

50g/2 owns o fenyn   *50g/2oz butter*
50g/2 owns o fêl   *50g/2oz honey*
2 lwy fwrdd o hufen   *2 tbsp cream*
2 lwy fwrdd o siwgr brown meddal
    2 tbsp soft brown sugar
1 llwy de o sinamon   *1 tsp cinnamon*
100g/4 owns o friwsion bara
    100g/4oz breadcrumbs
2 afal coginio wedi'u pilo a'u sleisio
    2 cooking apples, peeled and sliced

Dull

1. Rhowch y menyn, y mêl a'r hufen mewn sosban a'u cynhesu i greu saws toffi.
2. Yna rhowch y siwgr, y sbeis a'r briwsion mewn powlen a'u cymysgu.
3. Rhannwch ychydig o'r saws rhwng dysglau ramekin neu botiau bach ffoil, yna taenwch ychydig o'r afalau ar ben pob un. Ychwanegwch haenen o'r gymysgedd briwsion bara, yna haenen arall o' r afalau a'r briwsion gyda rhagor o'r saws ar yr wyneb. Gallwch eu coginio ar dun pobi ar wres 200C/400F/ Nwy 6 am 20 munud neu orchuddio'r wyneb â ffoil a'u stemio am tua 30 munud.
4. Gadewch iddynt oeri ychydig cyn eu gweini gyda *crème fraîche* – yn y potiau, neu wedi eu troi allan ar blât.

Method

In a saucepan gently heat butter, honey and cream to make toffee sauce. In a bowl, mix sugar, spice and crumbs. Divide some of sauce between ramekins or small foil pots and cover with some apple. Add a layer of crumb mix. Top with more layers of apples and crumb, and add more sauce on top. To cook, either place pots on baking tray and bake at 200C/400F/Gas 6 for 20 mins, or cover pots with foil and steam for 30 mins. Cool before serving with *crème fraîche*.

Danteithion Dolig

Her i mi bob Nadolig yw creu mins peis gwahanol; ydw, rwyf wedi llwyddo ar ôl arbrofi cryn dipyn. Mwynhewch y rysáit newydd hon gyda digon o hufen brandi. Cofiwch wneud digonedd o fins peis ar gyfer ffrindiau sy'n galw'n annisgwyl – a Siôn Corn, wrth gwrs.

Faint ohonoch chi sy'n casáu pwdin plwm, ond wrth eich bodd â golwg a siâp pwdin Nadolig arferol? Wel, dyma'r ateb – y pwdin plwm plisgyn siocled, yn llawn o siocled a hufen, i demtio'r teulu i gyd. Gosodwch hwn ynghanol y bwrdd Nadolig er mwyn datgelu'r canol cudd. Cofiwch, peidiwch â thanio'r pwdin hwn!

Gan fod y treiffl siocled yn gymaint o ffefryn yn y llyfr cyntaf, rhaid felly oedd creu treiffl arbennig ar gyfer y Nadolig. Rhaid i mi gyfadde bod hwn yn dipyn o ffefryn gartre; mae'n llawn lliw a blas yr ŵyl – gwnewch bowlenaid enfawr ohono!

CYNHWYSION

250g/9 owns o fenyn wedi meddalu
250g/9oz softened butter
110g/4 owns o siwgr eisin
110g/4oz icing sugar
50g/2 owns o gnau coco
50g/2oz coconut
1 llwy de o rinflas fanilla
1 tsp vanilla essence
250g/9 owns o flawd plaen
250g/9oz plain flour
pot o friwfwyd   *pot of mincemeat*
1 afal wedi'i bilio a'i dorri'n fân
1 apple, peeled and finely chopped

FY MINS PEIS I

MY MINCE PIES

Dull

1. Rhowch y menyn, y siwgr eisin a'r fanila mewn powlen, a'u cymysgu â pheiriant llaw nes bod y cyfan yn ysgafn ac yn hufennog.
2. Rhidyllwch y blawd i mewn iddo a chymysgu wrth ychwanegu'r cnau coco.
3. Gosodwch gasys pobi mewn tun pobi. Llenwch fag peipio â'r gymysgedd a llenwch yn gylch yn y casys.
4. Cymysgwch yr afal a'r briwfwyd, a llenwch y tyllau yn y gymysgedd. Pobwch am tua 30 munud ar wres 190C/375F/Nwy 5 nes bod y cacennau'n euraid. Sgeintiwch â chawod eira o siwgr eisin.

Method

Place butter, icing sugar and vanilla in a bowl. Whisk until light and creamy. Sieve flour over and mix, adding coconut. Place paper cases in baking tray. Put mix in piping bag and place ring of mix in each case. Mix apple and mincemeat and fill the hole left in centre of piped mix. Bake at 190C/375F/Gas 5 for 30 mins until cakes are golden. Dust with icing sugar.

CHOCOLATE CHRISTMAS PUDDING

CYNHWYSION

2 llwy fwrdd o driog melyn
   2 tbsp syrup
110g/4 owns o fenyn   *110g/4oz butter*
110g/4 owns o siocled o ansawdd da
   110g/4oz good quality chocolate
75g/3 owns o fisgedi Amaretti
   75g/3oz Amaretti biscuits
75g/3 owns o deisen frau wedi'i malu
   75g/3 oz shortbread, crushed
110g/4 owns o resins   *110g/4oz raisins*
50g/2 owns o gnau pecan wedi'u rhostio
   50g/2oz roasted pecan nuts

LLENWAD CUDD

1 pot o gaws mascarpone
   1 pot mascarpone cheese
1 pot canolig o hufen dwbwl
   1 medium pot double cream
1 pot bach o saws llugaeron
   1 small pot of cranberry sauce
1 tun o orennau mandarin
   1 tin mandarin oranges
2 lwy fwrdd o siwgr   *2 tbsp sugar*
2 lwy fwrdd o frandi   *2 tbsp brandy*
1 pecyn o gelatin   *1 packet of gelatine*

Dull

1. Gorchuddiwch du mewn i bowlen 2 beint â darn o *cling film*. Yna toddwch y triog melyn a'r menyn mewn sosban ac ychwanegu'r siocled ato; cymysgwch i doddi'r cyfan.
2. Nesaf ychwanegwch y bisgedi, y resins a'r cnau. Yna gwasgwch i orchuddio tu mewn y bowlen. Gadewch i oeri.
3. Cynheswch y saws llugaeron mewn sosban ac ychwanegu'r oren ato.
4. Curwch yr hufen a phlygu'r caws mascarpone iddo ynghyd â'r siwgr a'r brandi.
5. Toddwch y gelatin mewn dŵr poeth yna rhannwch rhwng y saws ffrwythau a'r hufen. Gosodwch y ddau gymysgedd – y ffrwythau a'r hufen – yn haenau yn y plisgyn siocled. Gorchuddiwch â *cling film*, a'i roi yn yr oergell i oeri'n dda.
6. Trowch allan ar blât gyda addurn o gelyn a chawod o siwgr eisin.

Method

Line a 2 pint pudding basin with cling film. Melt syrup and butter in pan, add chocolate. Stir to melt. Next add biscuits, raisins and nuts. Press around inside of basin, leave to cool in fridge. Warm cranberry sauce in saucepan and add orange. Whip cream and fold in mascarpone together with sugar and brandy. Melt gelatine in hot water and divide between fruit sauce and cream mix. Place both mixtures (fruity and creamy) in chocolate shell. Cover with cling film and chill again. Turn out onto a plate to serve, dusted with icing sugar and decorated with holly.

TREIFFL I DE DYDD DOLIG

CHRISTMAS TRIFLE

Dull

1. Piliwch y gellyg, tynnwch y calonnau, a'u torri'n ddarnau. Rhowch mewn sosban gyda sudd llugaeron, codwch y gymysgedd i'r berw a'i goginio am 3–4 munud. Yna i mewn â'r port a'i fudferwi am 2 funud eto.
2. Codwch y ffrwythau o'r sudd, torrwch y jeli iddo a'i wneud yn beint o fesur gyda dŵr.
3. Torrwch y bisgedi'n ddarnau; rhannwch rhwng 6 o wydrau, gyda darn o ellyg ymhob un. Yna arllwyswch y jeli drosto a'i roi yn yr oergell.
4. Toddwch y siocled dros bowlen o ddŵr poeth yna plygwch yr hufen iddo. Gosodwch lwyaid dda ar bob treiffl gydag addurn o ellyg a chnau pistasio.

Method

Peel pears and remove core. Cut into pieces. Put in saucepan with cranberry juice, bring to boil and simmer for 3–4mins; add port and simmer for further 2 mins. Remove fruit and add jelly; make up to 1 pint with water. Break biscuits into pieces, divide between 6 glasses, add fruit and jelly. Leave to set in fridge. Melt chocolate over hot water and fold in cream. Put a dollop on top of each trifle to serve; decorate with pears and pistachios.

Tips Tymhorol

Dyma gasgliad o syniadau defnyddiol fydd o gymorth i chi trwy gydol y flwyddyn.

1. Beth am ddefnyddio cenhinen gŵyl Ddewi wedi'i malu mewn 'coleslaw'? Bydd yn ffefryn gan blant oherwydd nad yw'r blas mor gryf â winwns.
2. Er mwyn rhwystro'r gacen Basg rhag cawsio, gosodwch yr wyau wedi'u curo mewn jwg, a'i sefyll mewn dŵr cynnes er mwyn i'r gymysgedd fod yr un tymheredd â'r menyn a'r siwgwr.
3. Os ydych yn mynd am bicnic ac angen cael gwared ar arogl drwg mewn bocs tocyn, gwasgwch ddarn o bapur dyddiol ynddo, cau'r caead arno ac fe fydd yn berffaith ymhen dim o dro.
4. Yn yr haf, pan fyddwch yn gwneud jam mefus, rhowch ychydig o ffrwyth llus yn y jam i'w helpu i setio.
5. Rhowch giwb stoc yn y dŵr pan fyddwch yn berwi reis i ychwanegu blas.

Tips tymor yr Hydref
6. Er mwyn cael gwared ar wynt winwns a garlleg oddi ar eich dwylo, rhwbiwch hwy â llwy *stainless steel* wrth eu golchi!
7. I osgoi sudd mwyar rhag berwi allan o darten, neu i wneud crwst meddal, gwasgarwch waelod y darten ag ychydig o semolina.
8. Pan fyddwch yn coginio caserol yn ystod misoedd oer y gaeaf, rhowch lond llwy fwrdd o fêl ynddo: mae'n rhoi blas bendigedig.
9. Arllwyswch lond llwy fwrdd o hufen ar wyneb pwdin reis cyn ei bobi er mwyn creu plisgyn meddal a hufennog.
10. Ffordd arall o ddefnyddio te – os ydych am wneud i lawr pren newydd edrych yn hen, brwsiwch â the oer: rhwydd, rhad ond rhyfeddol!
11. Defnyddiwch bwniwr tato i wasgu'r sail bisgedi i waelod y tun wrth wneud cacen gaws.

Tips tymor y Nadolig
12. I dynnu'r plisgyn oddi ar gnau wrth wneud cacen Nadolig, rhowch mewn sosban o ddŵr gyda llwy de o bowdwr pobi, codwch i'r berw am funud yna rhowch nhw mewn dŵr oer; defnyddiwch fys a bawd i'w rhyddhau – perffaith!
13. Wedi anghofio cynhesu platiau ar ddiwrnod Dolig? Rhowch yn y popty-ping am funud gyda llwy de o ddŵr rhyngddynt: byddant yn gynnes whap!
14. I ddod â blas ychwanegol i dato rhost dydd Nadolig, ychwanegwch berlysiau sych a garlleg atynt cyn eu rhostio.